I0751377

LES

VISITANDINES,

COMÉDIE

EN TROIS ACTES,

MÊLÉE D'ARIETTES.

Représentée sur le Théâtre de la rue Feydeau.

Paroles de L. B. PICARD. Musique du C. DEVIENNE.

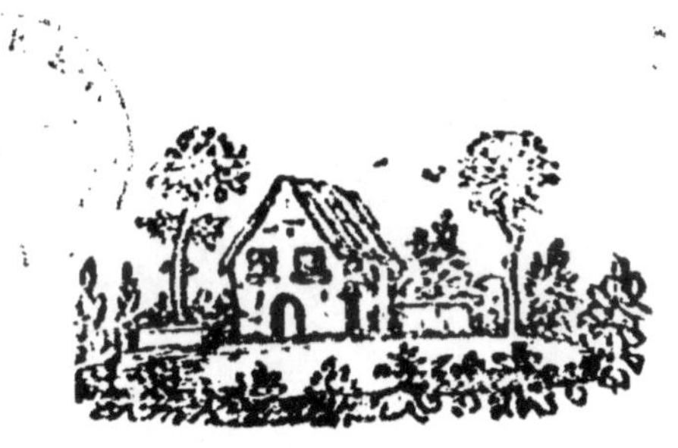

A PARIS,

Chez MARADAN, Libraire, rue du Cimetière Saint-André-des-Arcs, n°. 9.
CHARON, Libraire, Galerie du Théâtre de la rue Feydeau, n°. 8.

1793.

PROPRIÉTÉ.

JE soussigné, pour me conformer à la loi du 30 août dernier, déclare qu'en publiant la présente pièce par la voie de l'impression, j'entends me réserver expressément tous mes droits sur les représentations qu'elle pourroit avoir dans toute l'étendue de la République française.

PICARD.

Paris, 21 Juin 1793.

La minute de la présente déclaration est chez M. HUA, Notaire, rue de l'ancienne Comédie Française.

PERSONNAGES.

		CITOYENS,
M. BELFORT, amant d'Euphémie.		*Gavaux.*
FRONTIN, son valet.		*Martin.*
GREGOIRE, jardinier.		*Juliet.*
NICOLAS, son garçon.		*Le Sage.*
LE COCHER de la diligence.		*Georget.*
P. JEROME.	Capucins.	*Prévôt.*
P. PANCRACE.	Capucins.	*Garnier.*
P. AGATHANGE.	Capucins.	
		CITOYENNES,
L'ABBESSE.		*Verneuil.*
LA TOURIERE.		*Verteuil.*
SŒURS.		
EUPHEMIE.		*Scio.*
AGNÈS.		*Parisot.*
JOSEPHINE.		
AUGUSTINE.		
VICTORINE.		
URSULE.		
AUTRES RELIGIEUSES.		

LES VISITANDINES,

COMÉDIE.

ACTE PREMIER.

Le Théâtre représente une campagne; on voit sur le côté la porte d'entrée d'un couvent, le guichet de la tourière et les fenêtres grillées des religieuses; il fait nuit, l'ouverture annonce un orage.

SCÈNE PREMIÈRE.

INTRODUCTION.

S. AGNÈS, S. JOSEPHINE.

S. JOSEPHINE *paroissant derrière la grille de sa fenêtre.*

Sœur Agnès! Sœur Agnès!

S. AGNÈS *derrière sa fenêtre.*

Et bien! eh bien! ma sœur.

S. JOSEPHINE.

Entendez-vous comme la foudre gronde?

S. AGNÈS.

Ah! J'entends bien comme la foudre gronde,
Et chaque éclair me fait mourir de peur.

JOSEPHINE.

C'est peut-être la fin du monde,
Voici l'heure du Jugement.

Ensemble

Grand Dieu! votre bonté se lasse,
Que votre volonté se fasse,
Mais épargnez notre couvent.

Ici l'orage s'appaise un peu.

AGNÈS.

Ah! ma sœur, ma sœur quel dommage
Vous m'avez fait en m'éveillant!
Je faisois un rêve charmant,
Car je rêvois de mariage.
L'amour avoit surpris mon cœur,
Et par l'hymen j'étois liée.
Est-ce un péché ma chère sœur,
De rêver qu'on est mariée!

JOSEPHINE.

Sur un fait de cette importance,
Je ne prononce pas, ma sœur,

A

Car c'est un cas de conscience ;
Consultons notre directeur.
Mais de ce rêve si flatteur,
Je suis pour vous toute effrayée ;
C'est peut-être un péché, ma sœur,
De rêver qu'on est mariée.

AGNÈS.

L'orage redouble.

Voilà l'orage qui redouble,
Je sens redoubler ma frayeur ;
Ce maudit rêve dans mon cœur
Répand encore un nouveau trouble ;
Avant de voir mon directeur,
Je tremble d'être foudroyée ;
C'est sans doute un péché, ma sœur,
De rêver qu'on est mariée.

SCENE II.

Les mêmes, S. AUGUSTINE, S. VICTOIRINE, S. URSULE.

AUGUSTINE *paroissant derrière sa fenêtre.*

Sœur Joséphine !

JOSEPHINE.

Eh bien, ma sœur !

VICTORINE *derrière sa fenêtre.*

Sœur Augustine !

AUGUSTINE.

Eh bien, ma sœur !

URSULE *derrière sa fenêtre.*

Sœur Victorine !

VICTORINE.

Eh bien, ma sœur !

Toutes.

Entendez-vous comme la foudre gronde ?
Nous entendons comme la foudre gronde,
Et chaque éclair nous fait mourir de peur ;
C'est peut-être la fin du monde ;
Hélas ! mes sœurs, je meurs de peur.

AGNÈS.

Allons, mes sœurs, point de foiblesse ;
Rassurons-nous et tâchons de dormir.

JOSEPHINE.

Hélas ! mes sœurs, comment dormir ?
Allons plutôt chez madame l'Abbesse,
Allons toutes nous réunir.

Toutes.

Allons plutôt nous réunir,
Allons chez madame l'abbesse ;
Divin sauveur ! c'est aux méchans
Qu'est réservé votre tonnerre ;

En punissant le reste de la terre,
Divin sauveur, épargnez les couvens.

Toutes les fenêtres se ferment; Belfort et Frontin, qui ont paru dans le fond pendant la fin du chœur, se trouvent en scène; l'orage se dissipe.

SCENE III.

BELFORT, FRONTIN.

BELFORT.

FRONTIN!

FRONTIN.

Monsieur!

BELFORT.

Où sommes-nous?

FRONTIN.

Ma foi, monsieur, je n'en sais rien; mais je sais bien où je voudrois être.

BELFORT.

Où donc, s'il vous plait?

FRONTIN

Dans un bon lit, monsieur; la nuit est faite pour dormir, et non pas pour courir les champs.

BELFORT.

Allons, il faut prendre son parti gaîment; nous sommes égarés, notre chaise est brisée. C'est un petit malheur. En attendant le jour, je rêve à ma maitresse. Eh bien! rêve à la tienne.

FRONTIN.

Fort bien pour vous, monsieur, qui rêvez tout éveillé; mais moi, qui n'ai jamais rêvé qu'en dormant, que diable voulez-vous que je fasse ici? Si je pouvois seulement trouver un petit endroit. (*appercevant le couvent*) Ah! monsieur, monsieur.

BELFORT.

Qu'est-ce que c'est?

FRONTIN.

Ah! pour le coup, j'ai du courage. Voyez-vous cette grande maison en face de nous?

BELFORT.

Eh bien?

FRONTIN.

Eh bien, monsieur, ou je me trompe fort, ou c'est une auberge d'importance où l'on doit être bien traité.

AIR.

Qu'on est heureux de trouver en voyage
Un bon souper, mais sur-tout un bon lit!
Voilà de quoi faire oublier l'orage;
A bien dormir je vais passer la nuit:
Je n'ai pas regret à la peine
Quand je trouve après le plaisir.
Jusqu'à domain, tout d'une haleine,

Ah! que Frontin va bien dormir,
Et dans ces lieux où l'on repose,
S'il se trouve à faire autre chose,
Ce n'est pas à courir les champs
Que Frontin passera son temps.

BELFORT.

Allons, frappe, sans tarder davantage.

FRONTIN.

C'est bien mon dessein. (*Il sonne à la grande porte*). Eh bien, il sont donc sourds. (*Il sonne plus fort*).

SCENE IV.

Les précédens, LA TOURIERE.

LA TOURIERE.

BONTÉ divine, ah! quel train! qui va là? qui va là?

FRONTIN.

Deux cavaliers charmans : allons, la fille, un bon feu, un bon lit, et vous aurez pour boire en conséquence. Nous resterons fort peu de temps ici, mais nous dépenserons beaucoup, entendez-vous?

LA TOURIERE.

Ah! bon dieu! qui sont donc les impies qui osent tenir un pareil propos?

FRONTIN.

Doucement, doucement, ne nous fâchons pas, s'il vous plaît. Je suis poli, comme vous voyez; il s'agit de nous donner à coucher pour cette nuit, et nous n'en voulons pas davantage; ce n'est pas faute davoir de jolies choses à vous dire, servante trop aimable, je ne sais quoi me dit que vous êtes charmante. Sans vous voir cependant, on n'en peut pas juger; hâtez-vous donc de nous ouvrir pour commencer à faire connoissance, je brûle de vous embrasser.

TRIO.

LA TOURIERE.

Quoi! Vous voulez coucher dans la maison?

FRONTIN.

Eh! oui vraiment, si vous le trouvez bon;
Nous savons quel métier vous faites.

LA TOURIERE.

Eh! pour qui nous prenez-vous donc?

FRONTIN.

Eh! parbleu, pour ce que vous êtes.
N'êtes-vous pas de fort honnêtes gens
Qui, pour des prix également honnêtes,
Donnez à coucher aux passans?

LA TOURIERE.

Ah! Quel blasphême, sainte vierge!
Comment prendre pour une auberge
La sainte visitation?

BELFONT et FRONTIN.

La sainte visitation!

Oh! L'aventure est singulière;
M. Frontin tout bonnement vouloit
Passer la nuit au monastère.

LA TOURIERE.

Et traiter une sœur Tourière
De servante de cabaret.

LA TOURIERE.	BELFORT.	FRONTIN.
Pour le Couvent quelle cruelle injure !	Pour toi, Frontin, quelle triste avanture !	Pour toi, Frontin, quelle triste avanture !
Je parierois qu'une telle aventure	Il te faudra bien coucher sur la dure,	Il te faudra donc coucher, etc. etc.
N'est qu'un tour du malin esprit	Car décemment pour cette nuit	
Qui voudroit bien avoir un lit	On ne peut te donner un lit	
Au Couvent des Visitandines.	Au Couvent des Visitandines.	

SCENE V.

BELFORT, FRONTIN.

FRONTIN.

Nous n'avons que ce que nous méritons, monsieur. Pourquoi diable nous avisons-nous de courir quand tout le monde dort? En bonne foi, ne devriez-vous pas être las de cette vie errante, que vous menez depuis deux ans; vous n'en avez pas encore vingt-cinq, et il n'y a peut-être pas un petit coin dans l'Europe que n'ayez visité.

BELFORT

Ah! mon cher Frontin, j'ai de grands projets de réforme. Sais-tu ce que je viens faire en France? Un de mes amis me mande que tous les jours, mon père pleure ma mort, dont il s'accuse d'être l'auteur. Je ne veux plus lui causer de nouveaux chagrins; j'ai vingt-cinq ans, il est temps de prendre un état. Depuis long-temps mon père exerce la médecine avec honneur à Nevers, je veux lui succéder. En un mot, je ne reviens que pour me faire médecin.

FRONTIN.

J'entends; monsieur votre père vous cédera son fonds et se retirera; vivat, monsieur, on nous attend sans doute.

BELFORT.

Eh! non vraiment, je veux leur ménager une surprise agréable. Me voici donc enfin de retour dans mon pays, je n'espérois plus le revoir, et ma chère Euphémie, comme elle doit être belle à présent, n'est-ce pas, Frontin?

FRONTIN.

Elle doit être charmante. Cette Euphémie est sans doute une des maîtresses que vous avez laissées dans votre patrie, et que vous vous flattez de retrouver fidèle.

BELFORT.

Euphémie, Frontin, est la seule que j'aime. Belfort n'a jamais aimé qu'Euphémie, et Belfort l'aimera toujours.

FRONTIN.

Belfort fut souvent infidèle, et Belfort le sera toujours. Il vous sied bien de vous vanter d'être constant? quand il n'y auroit que cette petite avanture galante qui vous a forcé de vous expatrier.

BELFORT.

Bah! folie de jeunesse et rien de plus. J'étois à Paris, la maîtresse d'un homme en place s'avise de me soupçonner un peu de mérite, il étoit de mon honneur de lui prouver qu'elle ne se trompoit pas. Je fus cruellement puni de cette prétendue bonne fortune, par les trois mois que l'amant titré de la belle, de concert avec mon père, me fit passer au fond d'une prison d'état, où je serois encore peut-être, si l'aimable fille de mon geolier, ne m'eût procuré les moyens de gagner les pays étrangers. Être enfermé parce qu'on est aimable! C'est cruel?

FRONTIN.

Oh! cela crie vengeance, monsieur, mais c'est par-tout de même, par-tout le mérite est persécuté. A Madrid, nous sommes obligés de sauter par une fenêtre, pour sauver l'honneur d'une femme dont le mari nous attendoit au bas de l'escalier. A Rome, je reçois dans ma redingote un coup de poignard qui vous étoit destiné. En Turquie, j'ai vu le moment où l'on alloit empaler le valet, et mettre le maître hors d'état de faire jamais de sottises. A Turin, déguisé en femme de chambre, vous avez le malheur de plaire en même-temps à la femme comme un joli garçon, et au mari, comme une jeune et fraiche soubrette. Je ne sais si vous vous rappelez le coup d'épée, qui vous retint six semaines à Berlin, mais je n'ai pas oublié, moi, ce fameux combat à coups de poing que je fus obligé de soutenir à Londres, contre cet honnête artisan, avec la femme duquel vous causiez pendant que nous nous battions. Par-tout nous avons trouvé matière à maudire la méchanceté des hommes.

BELFORT.

Et partout matière à bénir la bonté des femmes.

FRONTIN.

Oh! cela s'arrangeoit à merveilles, monsieur prenoit pour lui les carresses des femmes, et me laissoit les coups de bâton des hommes.

BELFORT.

Que veux-tu, mon cher Frontin, les femmes m'ont perdu. En deux mots, voici mon histoire :

AIR.

Enfant chéri des Dames ;
Je fus en tous pays
Fort bien avec les femmes ;
Mal avec les maris.
Pour charmer l'ennui de l'absence ;
A vingt beautés je fais la cour,
Laissant aux sots l'ennuyeuse constance ;

Je les adore tour-à-tour.
Un nouveau goût s'éveille,
J'entends à mon oreille,
Le Dieu d'amour me répéter tout bas :
Enfant chéri des Dames,
Sois dans tous les pays
Fort bien avec les dames,
Mal avec les maris.
Mais le ciel me seconde,
Et veut faire, je croi,
L'ami de tout le monde
D'un homme tel que moi.
Me voici dans la France,
Tout ira pour le mieux,
Car on aime l'aisance
Dans ce climat heureux ;
Non, il n'est point de climat plus heureux,
Car les amans des dames
Dans ce charmant pays,
Sont bien avec les dames,
Bien avec les maris.

FRONTIN.

Eh bien, et cette Euphémie dont vous me parliez tout-à-l'heure.

BELFORT.

Ah! c'est différent; celle-là, je l'aime sérieusement. Conçois-tu, mon cher Frontin, le bonheur dont je vais jouir; depuis deux ans, on n'a reçu de moi aucune nouvelle, on me croit mort, et tout-à-coup je ressuscite.

FRONTIN.

Quelle joie! Quel transport dans toute la famille!

BELFORT.

Quoi c'est lui! le voilà de retour. Est-il possible?

FRONTIN.

Ah! mon cher Belfort!

BELFORT.

Ah! ma chère Euphémie!

FRONTIN.

Comme il est grandi! comme il est changé! embrasse-moi, embrasse-la.

BELFORT.

Moi, j'embrasse tout le monde, et sur-le-champ je songe à mes affaires. Mon père est son tuteur, j'arrive demain, et je l'épouse après-demain.

On apperçoit de la lumière dans la chambre d'Euphémie, et on entend un prélude de harpe.

BELFORT.

N'est-ce pas une harpe que j'entends?

FRONTIN.

Oui, vraiment; pour nous indemniser de notre insomnie, on veut nous donner un concert.

EUPHÉMIE *chante en s'accompagnant.*

Premier Couplet.

Dans l'asile de l'innocence,

Amour, pourquoi m'embrâser de tes feux?
Eloigne-toi, la froide indifférence
Doit seule régner dans ces lieux.

FRONTIN.

C'est quelqu'infortunée Visitandine, qui sortiroit peut-être du Couvent avec autant de plaisir que nous y serions entrés tout-à-l'heure.

BELFORT.

Frontin, connois-tu cette voix?

FRONTIN.

Eh! d'où diable voulez-vous que je la connoisse?

BELFORT.

Je ne puis m'y tromper, c'est elle-même.

FRONTIN.

Comment, monsieur, auriez-vous quelque connoissance à la visitation?

EUPHÉMIE.

Second Couplet.

Toi que j'aime plus que ma vie,
Que je voudrois en vain ne plus chérir,
Belfort, Belfort, de la triste Euphémie,
As-tu gardé le souvenir?

BELFORT.

Ah! Grand Dieu! c'est elle, je n'en puis plus douter.

FRONTIN.

Comment! c'est votre Euphémie?

BELFORT.

Elle semble douter de ma fidélité, et c'est elle qui m'abandonne.

FRONTIN.

Du moins, si elle n'étoit que mariée, on pourroit s'arranger avec le mari, mais là, il n'y a plus de ressource.

EUPHÉMIE.

Troisième Couplet.

Bientôt un ordre irrévocable,
De t'oublier m'imposera la loi;
Je sens qu'alors je deviendrai coupable,
Car je ne puis aimer que toi.

FRONTIN.

Allons, monsieur, consolez-vous; il paroît, par le dernier couplet, qu'elle n'est encore que fiancée.

BELFORT.

Comment fiancée?

FRONTIN.

Je veux dire novice.

BELFORT.

Dissipons ses inquiétudes; il faut lui répondre sur le même air.

FRONTIN.

C'est dommage que nous n'ayons pas de harpe pour nous accompagner.

BELFORT *chante.*

Rassurez-vous . . . . . .

On entend sonner les matines, et le bruit des cloches couvre la voix de Belfort.

FRONTIN.

Nous nous plaignions de ne pas avoir d'accompagnement.

Les cloches cessent.

BELFORT *chante.*

Rassurez-vous, belle Euph . . . . . .

Les cloches reprennent avec vivacité.

FRONTIN.

Mais il ne faudroit pas que l'accompagnement étouffât la voix.

BELFORT.

Au diable les cloches et celles qui les sonnent.

Une voix en dedans.

Eh bien, sœur Euphémie, entendez-vous sonner les matines?

FRONTIN.

Ah! ce sont les matines.

EUPHÉMIE.

Je descends, ma mère, je descends.

La fenêtre se ferme, on emporte la lumière, et le jour vient peu-à-peu.

SCENE VI.

BELFORT, FRONTIN

BELFORT.

Ces choses-là ne sont faites que pour moi. Mon mariage étoit conclu, voilà ma femme qui se fait religieuse; je veux chanter, on sonne les matines, et je les laisserois tranquillement enlever mon Euphémie? Non, morbleu.

FRONTIN.

Vous ne pouvez pas décemment la laisser dans une sotte communauté, dont la tourière nous refuse un asile, et se fâche de ce qu'on la prend pour une servante d'auberge.

BELFORT.

J'ai fait dans ma vie mille extravagances pour des femmes que je n'ai jamais aimées, et pourquoi donc n'en ferois-je pas pour celle que j'aime? Frontin, te sens-tu capable de me seconder?

FRONTIN.

C'est une injure que d'en douter, monsieur, vous m'avez vu dans l'occasion.

BELFORT.

L'entreprise est périlleuse, mon ami.

FRONTIN.

Allons-donc, fussent-elles vingt nones là-dedans, je me sens en état de leur tenir tête.

BELFORT.

Diable! c'est qu'il n'y a pas de milieu; il faut l'enlever ou la perdre.

FRONTIN.

Eh bien! monsieur, enlevons-la.

BELFORT.

Oui, mais comment ?

TRIO.

BELFORT.

Si je pouvois, Frontin, adroitement
Me ménager une entrée au couvent.

FRONTIN.

Ménagez-vous un entrée au couvent,
Frontin alors vous suit aveuglément.

BELFORT.

J'imagine un bon artifice,
Prenons des sœurs et l'habit et le ton,
Demain, dans la sainte-Maison,
Je me fais recevoir novice.

FRONTIN.

Pour vous c'est un fort bon moyen,
Fille ou garçon, vous êtes toujours bien;
Je suis fort bien aussi, mais j'ai la barbe épaisse,
Et s'il faut malheureusement
Qu'une des sœurs à cela se connoisse,
On va me chasser du couvent.

BELFORT.

Dans le couvent déjà l'on se réveille;
Voici le jour, n'allons pas nous trahir.

FRONTIN.

Cachons-nous, et prêtons l'oreille,
Car j'entends la porte s'ouvrir.

Ils se cachent tous deux.

SCENE VII.

Les précédens, *cachés.* GREGOIRE, passablement ivre, portant *un panier, couvert d'une serviette.*

GRÉGOIRE.

QUAND je suis saoul dès le matin,
On m'accuse d'aimer le vin
Et de négliger le jardin
Du monastère.
Eh! ventre gué, comment donc faire ?
Pour l'empêcher d'aimer le vin,
Mes sœurs, apprenez à Grégoire
Comment on travaille sans boire.

FRONTIN.

Ah! dans ta place, heureux coquin,
Comme travailleroit Frontin.

BELFORT.

Monsieur Frontin veut-il se taire.

GRÉGOIRE.

Or sus, plus de propos. Lisons.
Sur l'agenda de mes commissions,
Ce qu'à la ville je vais faire.

BELFORT et FRONTIN.
Chut, écoutons.
GRÉGOIRE *lisant.*
Grégoire ira d'abord,
S'informer sur le port,
De la Sœur Séraphine,
Qui doit venir en ce canton,
Attendu que l'air en est bon,
Si l'on en croit la médecine.
BELFORT, *caché.*
Ah! sous le nom de cette sœur,
Ne pourrois-je pas m'introduire?
FRONTIN, *caché.*
Mais, parlez donc plus bas, monsieur,
Et jusqu'au bout laissez-le lire.
GRÉGOIRE. *lisant.*
Puis au couvent des Capucins,
Prier le père Boniface
D'envoyer, un de ces matins,
Un révérend père en sa place;
Il est malade, et chaque sœur,
Pour son salut tremble de peur.
FRONTIN
Ah! sous le nom du Directeur,
Ne pourrois-je pas m'introduire?
BELFORT.
Parle plus bas du Directeur,
Et jusqu'au bout laisse-le lire.
FRONTIN.
Mais si vous passez pour la sœur,
Je puis bien passer pour le père.
BELFORT.
Monsieur Frontin veut-il se taire.
GRÉGOIRE.
Item, offrir au révérend,
De la part de la sœur Ste-Ange,
Un gâteau de fleur de froment
Assaisonné de fleur d'orange.
BELFORT.
Ah! le pauvre homme.
GRÉGOIRE.
Item, de fort bon chocolat.
FRONTIN.
Ah! le pauvre homme.
GRÉGOIRE.
Item, des fruits en confiture.
BELFORT et FRONTIN.
Ah! le pauvre homme.
GRÉGOIRE.
Item, d'excellent vin muscat
Au nom de sœur Bonaventure.

Tous trois.

Et le pauvre homme ainsi ainsi reçoit de chaque sœur,
De quoi réconforter ses entrailles sacrées;
Ah! de ces nonettes sucrées

BELFORT.

Il est doux d'être directeur.

FRONTIN et GRÉGOIRE.

Je voudrois être directeur.

GRÉGOIRE.

Allons toujours porter le gâteau de la sœur St.-Ange, ce ne sera pas long; car, entre les capucins et la visitation, il n'y a qu'un mur, et même on jase là-dessus; mais, chut, point de médisance.

SCENE VIII.

Les précédens; un cocher, *ivre comme Grégoire.*

LE COCHER.

HOLA! Eh! l'ami, suis-je loin de l'endroit où je vais, par parenthèse.

GRÉGOIRE.

A qui parlez-vous?

LE COCHER.

A vous.

GRÉGOIRE.

Passez votre chemin, l'ami; les ivrognes doivent laisser les honnêtes gens en repos.

LE COCHER.

Ivrogne toi-même, entendez-vous; un peu de politesse, s'il vous plaît. Sachez qu'on doit plus de respect au cocher de la diligence.

GRÉGOIRE.

Un cocher de la diligence, voilà des voyageurs bien menés (*).

BELFORT et FRONTIN, *cachés.*

Le cocher de la diligence?

LE COCHER.

Faites-moi le plaisir, mon ami, de me dire où est le couvent de la Visitandine,

GRÉGOIRE.

La Visitandine, ah! ah! ah! la Visitation donc; qu'est-ce que vous lui voulez dire? parlez, je suis de la maison.

LE COCHER.

Vous? plaisante religieuse, ah! ah! ah!

GRÉGOIRE.

Il est si saoul, qu'il me prend pour une religieuse.

LE COCHER.

N'importe, je vais toujours vous dire le sujet de ma commission.

GRÉGOIRE, *le repoussant.*

Parlez d'un peu plus loin, mon ami, vous sentez le vin.

(*) Ce mot, et une infinité d'autres, sont de M. Juliet.

LE COCHER.

Soyez donc honnête, que diable! . . . . je vous dirai qu'il y a aujourd'hui huit jours, on m'a retenu une place pour une certaine sœur qui doit venir dans ce couvent.

GRÉGOIRE.

J'entends; c'est la sœur Séraphine.

LE COCHER.

Précisément. Or donc cette sœur Séraphine ne peut pas encore venir. Et voila une lettre et son paquet que j'apporte à sa place.

BELFORT, *caché.*

Que peut donc contenir cette lettre?

FRONTIN, *caché.*

Le meilleur moyen de le savoir, c'est de nous emparer de la lettre et des habits.

Finale.

LE COCHER.

On m'a de ce billet
Chargé pour votre abesse;
Et je vais, s'il vous plait,
Le rendre à son adresse.

GRÉGOIRE.

N'allez pas réveiller
Notre supérieure;
Monsieur, pour lui parler,
Choisissez une autre heure.

LE COCHER.

Pour attendre suis-je donc fait?
Le diable emporte les béguines.

GRÉGOIRE.

Parlez mieux des Visitandines;
Point d'insolence, s'il vous plait.

GRÉGOIRE	LE COCHER.
Si je suis doux de ma nature, Sachez que je ne souffre pas Qu'on leur fasse la moindre injure, Ou qu'on apprend ce que pèse mon bras.	Je suis fort doux de ma nature, Cependant je ne souffre pas Qu'on me fasse la moindre injure, Ou l'on apprend ce que pèse mon bras.

FRONTIN et BELFORT, *s'avançant et parlant, l'un à Grégoire, l'autre au cocher.*

Hé! messieurs, messieurs, quel tapage!
Plus que lui, monsieur, soyez sage.
D'un homme ivre on doit tout souffrir,
Il a tant bu, qu'à peine il peut se soutenir.

GRÉGOIRE et LE COCHER, *se moquant l'un de l'autre.*

Il a tant bu, qu'à peine il peut se soutenir;
Allez, mon pauvre ami, si vous n'étiez pas ivre,
Je vous aurois appris à vivre;
Mais passez-moi votre chemin,
J'ai toujours respecté le vin.

FRONTIN et BELFORT.

Comme moi, de la tempérance,

Monsieur fait un grand cas, à ce qu'il me paroît.
Si monsieur le vouloit,
Au prochain cabaret,
Nous pourrions faire connoissance.

GRÈGOIRE et LE COCHER.

Monsieur, vous me voyez tout prêt,
Je n'ai refusé de ma vie,
Une aussi galante partie.
Ah! l'honnête homme que voilà!
Acceptons ce qu'il nous propose,
Mais aucun excès pour cela;
La tempérance est une belle chose.

BELFORT et FRONTIN.

Quand ils seront de bonne humeur
On en saura bien faire
Tout ce qu'on en veut faire.

Vous, vous passerez; Moi, je passerai,	}	Pour la sœur.
Moi, je passerai; Toi, tu passeras.	}	Pour le père.

Tous quatre.

Dans le vin noyons notre humeur,
Nous n'avons rien de mieux à faire:
Chacun court après le bonheur,
Je le trouve au fond de mon verre.

Fin du premier Acte.

ACTE II.

Le théâtre représente l'intérieur du parloir.

SCENE PREMIERE.

EUPHÉMIE seule. *Elle tire un portrait de sa poche.*

CE portrait ne sert qu'à nourrir ma douleur. Je trahis mon devoir en le conservant, et je n'ai pas la force de m'en séparer.

AIR.

O toi dont ma mémoire
A conservé les traits,
Hélas! a-t-on pu croire,
Qu'ici je t'oublierois.
Malgré ta perfidie,
Trop coupable Belfort,
La trop faible Euphémie
Voudroit te voir encor.
Reviens, reviens, et je brise ma chaîne;
Ton absence en ces lieux seule a pu m'entraîner,
Elle est ma seule peine,
Et mon plus grand désir est de te pardonner.

Grégoire sonne à la porte de la Tourière.

On sonne, cachons ce portrait. Fuyons. Ah! combien la solitude m'est chère; ce n'est que quand je suis seule que je puis causer avec lui.

Elle cache le portrait et sort.

SCÈNE II.

LA TOURIERE, GRÉGOIRE, BELFORT en Religieuse.

Grégoire vient sonner très-fort, et va chercher Belfort, qui lui donne le bras. Il sonne plus fort.

LA TOURIERE, *traversant le Théâtre.*

EH bon dieu! bon dieu! quel train! on diroit que le feu est au couvent. Attendez, on y va. On y va. Ah! c'est vous, Grégoire?

GRÉGOIRE *derrière la grille.*

Moi-même, ma sœur, et pas seul, comme vous voyez; c'est la sœur Séraphine que je vous amène.

LA TOURIERE *ouvrant la porte.*

Ah! comme elle paroit douce et aimable. Entrez, entrez, ma sœur.

BELFORT et GRÉGOIRE *passent dans la partie intérieure.*

GREGOIRE.

Dame! c'est une sœur faite tout exprès pour le couvent.

LA TOURIERE.

Vous étiez attendue ici avec impatience; voulez-vous bien permettre, ma sœur?

Elle l'embrasse.

BELFORT, *adoucissant sa voix.*

Bien volontiers, ma sœur.

LA TOURIERE

Je cours avertir madame l'Abbesse. Mais asséyez-vous donc, de grâce. Eh bien! comment vous trouvez-vous à présent?

BELFORT.

Beaucoup mieux, depuis que je suis ici.

LA TOURIERÉ.

Ah! ma sœur, vous êtes tombée ici, dans une maison . . . . Je crois que le Seigneur a pour elle une prédilection particulière. Toutes nos sœurs sont si vertueuses, si méritantes; ce n'est pas que je les regarde comme parfaites. Par exemple, sœur Ste.-Anne est bavarde, sœur Joséphine est coquette, sœur Augustine fait la prude. Moi, qui vous parle, je suis d'une étourderie, d'une vivacité . . . . mais on se passe mutuellement ses petits défauts. Sœur Euphémie encore. . . . .

BELFORT.

Sœur Euphémie . . . . et quel est son défaut à elle?

LA TOURIERE.

Ne me trahissez pas. Elle n'a pris le voile que par désespoir d'amour; je suis au fait. Elle aime un certain Belfort.

BELFORT.

Bon?

LA TOURIERE.

Oui, un mauvais sujet, qui s'est fait renfermer pour ses fredaines; mais grâce au ciel, la voilà tout-à-fait dans leport; lundi elle prononce ses derniers vœux.

BELFORT.

Lundi . . . en effet, la voilà dans le port. Sœur Euphémie vous a donc mise dans sa confidence.

LA TOURIERE.

Sœur Euphémie? . . . . Elle est trop fière pour parler à personne. Mais vous sentez bien qu'à mon âge, quand on a de l'expérience, on se connoît en amour.

BELFORT.

Comment, ma sœur, est-ce que vous auriez passé par-là?

LA TOURIERE.

Couplets.

Ah ! de quel souvenir affreux
Votre demande m'a frappée;
Un jour, nous nous connoîtrons mieux,
Vous saurez comme on m'a trompée.
Le ciel en nous donnant un cœur,
Nous fit un présent bien funeste;
Vous m'entendez, ma chère sœur,
Daignez m'épargner le reste.

Dans cette maison à quinze ans,
Je n'étois que pensionnaire,
Un jeune abbé des plus charmans,
Logeoit au prochain seminaire;
Un certain jour il vint me voir,
Il avoit un air tout céleste,
Et sans la grille du parloir, ...
Daignez m'épargner le reste.

Mais, adieu, ma sœur, votre entretien a tant de charmes, qu'on oublie tout auprès de vous. Je cours avertir madame l'Abesse. Ne vous dérangez pas, je vous en prie.

Elle sort.

SCÈNE III.

BELFORT GREGOIRE.

GRÉGOIRE.

AH! çà, monsieur, vous voilà dans le couvent; n'allez pas faire de sottises, au moins.

BELFORT.

Ah! monsieur Grégoire, pouvez-vous penser que sous cet habit? . . . .

GRÉGOIRE.

Je ne m'y fierois pas! l'habit ne fait pas le moine. Votre valet m'a dit que vous étiez un libertin.

BELFORT.

Autrefois, dans ma jeunesse, mais je suis tout-à-fait converti.

GRÉGOIRE.

GRÉGOIRE.

Et pour mieux faire pénitence, vous venez passer une petite retraite à la Visitation. Mais, comment diable vous résister aussi ? vous me donnez beaucoup d'argent, vous m'en promettez bien davantage, et pour m'achever, vous m'entraînez au cabaret; mais c'en est fait, morbleu, je ne veux plus boire de ma vie.

BELFORT.

Et moi, je veux être fidèle à mon Euphémie, jusqu'à la mort.

GRÉGOIRE.

Ecoutez-donc, monsieur, serment d'ivrogne que tout cela.

DUO.

BELFORT.

J'ai bien souvent juré d'être fidelle ;
Si j'ai trahi de semblables sermens,
C'est qu'ils n'étoient pas faits pour elle,
Le serment d'aujourd'hui tiendra bien plus long-temps.

GRÉGOIRE.

J'ai bien souvent juré de ne plus boire,
Mais pour tenir de semblables sermens,
Moi, je n'ai jamais de mémoire,
Le serment d'aujourd'hui tiendra-t-il plus long-temps?
Mais, puisqu'enfin la folie en est faite,
Daignez, au moins, écouter mes leçons.

BELFORT.

Je saurai bien d'une jeune nonette.
Prendre à propos les airs et les façons ;
A sa toilette
Un peu coquette,
Prude ailleurs, même en badinant,
Dans ses discours, jamais discrette,
Et médisante assez souvent ;
Son langage est toujours mystique,
A tout propos, avec ferveur,
Poussant un soupir méthodique,
Elle répond, *ave*, ma sœur.

GRÉGOIRE.

Gardez-vous bien de vous rendre coupable,
Et sur-tout soyez sage au moins, par charité,
De vos méfaits dans la communauté,
Songez que je suis responsable.

BELFORT.

Ah, tu peux croire à mes sermens.

GRÉGOIRE.

A vos sermens je n'ose croire ;

Ensemble.

GRÉGOIRE.	BELFORT.
J'ai bien souvent juré de ne plus boire ; Mais pour tenir de semblables sermens, Moi, je n'ai jamais de memoire. Le serment d'aujourd'hui tiendra-t-il plus long-temps ?	J'ai bien souvent juré d'être fidelle ; Si j'ai trahi de semblables sermens, C'est qu'ils n'étoient pas faits pour elle. Le serment d'aujourd'hui tiendra bien plus long-temps.

GRÉGOIRE.

Chut, voici la Tourière qui revient avec madame l'Abbesse.

BELFORT.

Souviens-toi de tout ce que tu dois dire.

GRÉGOIRE.

Pour vous, vous voilà instruit.

BELFORT.

Je sais mon rôle, comme si j'avois été nonne toute ma vie.

Il se rassied.

SCÈNE IV.

Les mêmes; LA TOURIERE, L'ABBESSE, deux SŒURS.

LA TOURIERE, *parlant de la coulisse.*

Oui, madame, charmante en vérité; enfin, vous en serez contente.

L'ABBESSE, *à Belfort, qui veut se lever.*

Restez, restez, ma chère enfant, je vous en prie; je n'aime pas qu'on se dérange pour moi, sur-tout quand on est malade. Un fauteuil, sœur Bonaventure.

UNE SŒUR, *allant en chercher.*

N'est-ce pas un fauteuil, que madame demande?

L'AUTRE SŒUR *l'apportant et heurtant Grégoire dans les jambes.*

Rangez-vous donc, que je donne un fauteuil à madame.

GRÉGOIRE, *riant.*

V'la une petite sœur qui m'estropie toujours; elle est drôle, c'te p'tite sœur la.

L'ABBESSE.

Eh bien! Grégoire, le père Boniface.

LA TOURIERE.

Ah! le père Boniface, comment se porte-t-il Grégoire?

GRÉGOIRE.

Bien doucement, ma chère sœur, bien doucement.

LA TOURIERE.

Que Dieu nous le conserve. Vous ne connoissez pas le père Boniface, sœur Séraphine? Quelle perte pour le couvent, si le ciel rappeloit à lui ce saint homme! Un homme qui ne fait jamais un pas sans sauver une ame ou deux, plus ou moins.

BELFORT.

Et quelle est donc sa maladie?

LA TOURIERE.

Il est enrhumé, ma sœur.

GRÉGOIRE,

Comme il ne pourra pas encore sortir de sitôt, il a engagé le père Hilarion, un de ses jeunes confrères, plein de zèle et de ferveur, à venir rendre ses devoirs à ses dames, pendant leur veuvage.

LA TOURIERE.

Une jeune persoane toute charmante, et un nouveau Directeur

qui nous arrivent à la fois! mais c'est un jour de bénédiction pour le couvent!

GRÉGOIRE.

Le père Hilarion doit venir sans façon demander à déjeûner à madame, ce matin.

L'ABBESSE.

Comment à déjeûner, et rien n'est prêt encore? En vérité, sœur Bonaventure, vous ne pensez à rien.

LA TOURIERE.

Mais, madame, je ne savois pas........

L'ABBESSE.

Mais il faudroit savoir, ma sœur, je donne aujourd'hui à déjeûner à tout le couvent. Entendez-vous; allez, allez tout préparer.

LA TOURIERE.

Eh bien, madame, j'y vais, j'y vais. (*elle sort.*)

GRÉGOIRE.

Madame n'a plus rien à m'ordonner?

L'ABBESSE.

Non, vous pouvez nous laisser. Mais je vous en prie, Grégoire, n'allez pas, comme à l'ordinaire, passer toute votre journée au cabaret.

GRÉGOIRE.

Au cabaret, madame. Ah! fi donc, je ne suis pas fait pour fréquenter de pareils lieux. Tout-à-l'heure encore, je jurois de n'y jamais mettre les pieds.

L'ABBESSE.

Il ne faut pas jurer, mon garçon.

GREGOIRE.

Elle a raison, notre chère Abbesse, il ne faut jurer de rien.

SCENE V.

L'ABESSE, BELFORT.

L'ABBESSE.

Mais en vérité, ma sœur, plus je vous examine, et plus je me persuade que madame votre Abbesse a voulu me ménager une surprise agréable.

BELFORT.

Comment donc cela, madame.

L'ABBESSE.

C'est que vous ne ressemblez pas du tout au portrait quelle m'a fait de vous dans sa lettre.

BELFORT.

Est-il possible?

L'ABBESSE.

Vous pouvez en juger vous-même; j'ai sa lettre sur moi, écoutez-moi. (*Elle lit.*) « L'homme propose et Dieu dispose, ma

» chère sœur; une de nos novices, sœur Séraphine vient d'es-
» suyer une longue et terrible maladie, à la suite de laquelle il
» lui est resté une toux sèche et fréquente : (*Ici Belfort tousse.*)
» on dit l'air de votre pays extraordinairement bon pour les
» convalescentes, je prendrai donc la liberté de vous l'envoyer
» pour trois ou quatre mois; c'est une fille sage, modeste; elle
» n'est ni de la première jeunesse, ni de la première beauté . .
Je vous demande, ma sœur, si cela peut vous convenir?

BELFORT.

Ah! madame. . . . .

L'ABBESSE.

Je vous trouve fort bien pour une malade, sur-tout.

BELFORT.

Vous avez bien de la bonté, madame.

L'ABBESSE, (*continuant de lire.*)

« Mais elle possède, au plus haut degré de perfection, tous
» ces petits talens innocens qui nous aident à passer le temps et
» à nous préserver de la tentation. Personne ne sait mieux, par
» exemple, chanter des noëls et des cantiques, découper des
» *agnus*, faire des confitures, et des bonbonnières et apprendre
» à parler aux Perroquets.

BELFORT.

Ah! madame, je suis bien loin d'être aussi savante que vous pourriez le présumer.

L'ABBESSE

Ah! de la modestie, ma sœur, allons, ne vous faites pas prier; il faudra nous chanter, à déjeûner, un de ces cantiques que vous chantez si bien.

BELFORT.

Ah! madame, oubliez-vous que ma poitrine? (*Il tousse.*) Cette malheureuse maladie m'a fait perdre toute ma voix.

SCENE VI.

Les précédens; toutes les RELIGIEUSES.

LA TOURIERE.

VENEZ, venez, mes sœurs, la voilà, la voilà.

L'ABBESSE.

Allons, embrassez toutes la nouvelle arrivée.

BELFORT.

J'allois vous demander moi-même la permission d'embrasser mes nouvelles compagnes

S. SÉRAPHINE.

Je n'ai jamais embrassé aucune de nos sœurs avec autant de plaisir.

S. AGNÈS.

Si elle eût été ici, cette nuit, l'orage m'auroit fait moins peur; elle a l'air d'avoir du courage.

S. EUPHÉMIE. *Au moment où Belfort va pour l'embrasser, elle le reconnoît, jette un cri de surprise, et tombe évanouie dans ses bras.*

Ah! . . . . ah! dieu!

BELFORT.

Ah! mon dieu! mon dieu! elle se trouve mal. Elle s'évanouit, mes sœurs . . . . mes sœurs.

JOSÉPHINE.

Voici de l'eau de Cologne.

S. ANGE.

Eh! non, de l'eau de mélise est meilleure.

S. URSULE, *fouillant dans ses poches.*

Eh! bon dieu! qu'es-ce que j'ai donc fait de mon éther?

L'ABBESSE.

Desserrez-là donc, sœur Ange.

BELFORT, *qui n'a point quitté Euphémie.*

La voilà, la voilà qui revient.

LA TOURIERE.

Quelle est intéressante.

BELFORT.

A qui le dîtes-vous, ma sœur.

L'ABBESSE.

Eh-bien! mon enfant, comment vous trouvez-vous?

EUPHÉMIE.

Très-bien, madame, ce n'est rien; c'est l'effet de la surprise, voilà tout.

BELFORT.

Mais, c'est qu'en vérité, je suis très-surprise aussi. Mademoiselle est de Nevers.

L'ABBESSE.

Sans-doute.

BELFORT.

Ou je me trompe fort, ou mademoiselle est la fille de feu M. Dorlis.

EUPHÉMIE.

Il est vrai.

BELFORT *faisant des signes à Euphémie.*

S'il est ainsi, vous devez vous rappeler la fille de M. Belfort, le médecin, avec laquelle vous avez été élevée.

L'ABBESSE.

J'ai cru que M. Belfort n'avoit point d'autre enfant que son mauvais sujet de fils.

BELFORT.

Je vous demande pardon, madame; car il est mon Père.

L'ABBESSE.

Eh bien! je suis enchantée que vous ayez été amies autre-fois, vous pourrez renouer connoissance ici.

LA TOURIERE.

Madame, madame, ou je me trompe fort, ou voici le père Hilarion.

SCÈNE VIII.

Les mêmes ; FRONTIN en moine.

FRONTIN.

AIR.

Le ciel, mes sœurs, vous tienne en joie,
Je viens vous mettre sur la voie
Qui mène au ciel directement ;
En vous voyant, mes sœurs, on conçoit aisément,
Comment le père Boniface
A vous voir chaque jour trouve un charme nouveau,
Est-il une plus douce place
Que celle de pasteur d'un si joli troupeau?

L'ABBESSE.

Ave, mon père.

FRONTIN.

Que Dieu vous le rende, ma sœur.

L'ABBESSE.

Soyez le bien venu, nous avons grand besoin de vous.

FRONTIN.

Je n'ai ni les lumières, ni l'expérience du père Boniface.

LA TOURIERE.

Sous le bon plaisir de madame, mon père, le père Boniface a-t-il reçu certaines petites douceurs.

FRONTIN.

Oui, oui, ma sœur, je vous en dois même quelques remerciemens, car j'en ai pris ma part.

L'ABBESSE.

Vous nous ferez sans-doute l'amitié de déjeuner avec nous, mon père.

FRONTIN.

Hélas ! ma sœur, la volonté du ciel soit faite en toutes choses.
(*on apporte le café.*)

LA TOURIERE.

Sœur Séraphine, vous me direz si vous prenez du café aussi parfait que celui-là dans votre couvent ; c'est que c'est moi qui le fais, je suis bien aise de vous le dire.

FRONTIN.

Aussi le père Boniface ne fait-il jamais l'éloge de votre maison, sans faire en même temps celui de votre café ; mais il ne faut pas le laisser refroidir.

L'ABBESSE.

Non, sans-doute, mon père ; vous me ferez l'amitié de vous placer à côté de moi.

LA TOURIERE.

Et de moi, mon père.

L'ABBESSE.

Sœur Séraphine se placera à côté de sœur Euphémie.

BELFORT *se plaçant bien vîte près d'Euphémie.*

Bien volontiers, ma sœur.

L'ABBESSE.

Elles pourront babiller tout à leur aise, et se rappeler les doux momens de leur enfance.

Tout le monde se place; comme la table n'est pas assez grande pour que toutes les religieuses se mettent autour, plusieurs d'entre elles se placent sur une chaise, et prennent leur café sur leurs genoux.

FRONTIN *après avoir avalé sa tasse de café en demande une autre.*

Il est excellent en vérité.

L'ABBESSE,

Je remercie le seigneur de ce qu'il ait bien voulu me laisser à vous offrir quelque chose d'agréable, mon père.

FRONMIN *tendant encore sa tasse.*

C'est du moka tout pur.

L'ABBESSE.

Eh! mais, mon père, je crains en vérité que vous ne vous fassiez mal; le café est fort échauffant.

FRONTIN.

Hélas! mes sœurs! il me faut passer les nuits à composer mes sermons, et je prends force café afin de chasser le sommeil.

L'ABBESSE.

Vous prêchez donc, mon père.

FRONTIN.

Moi, ma sœur, je prêche, je confesse, je chante au lutrin, je vais faire la quête dans les villages circonvoisins, je suis l'instituteur des novices, le directeur de tous les couvens de nones, je suis......

LA TOURIERE.

Père éternel, mon père, vous êtes donc le capucin universel.

L'ABBESSE.

Ah! ça, ma chère sœur Séraphine, point d'enfantillage, nous savons que vous avez une voix céleste, or, j'espère que vous allez nous le prouver. Les noëls et les cantiques doivent être délicieux dans votre bouche.

BELFORT

Eh! mon dieu, madame, ce seroit avec le plus grand plaisir, mais en vérité, ma poitrine est dans un délabrement; mais, puisque le père Hilarion chante si bien au lutrin, ne pourroit-il pas chanter ici à ma place.

TOUTES LES RELIGIEUSES.

Ah, mon père, de grâce!

FRONTIN.

C'est que je ne sais ni noëls, ni cantiques, mes sœurs; je ne sais que quelques chansons mondaines que j'ai apprises lorsque je servois dans les dragons.

L'ABBESSE.

Comment, mon père, est-ce que vous avez été dragon?

FRONTIN.

Hélas! oui mes sœurs, et c'est au régiment que la grâce m'a touché.

L'ABBESSE.

Eh bien, mon père, une chanson; le ciel ne défend pas une innocente récréation.

FRONTIN.

Non, sans-doute, je vais vous en choisir une un peu gaie, vous la connoissez peut-être, c'est une vieille chanson gasconne; écoutez. (*)

AIR.

Un soir de cette automne,
De Bordeaux revenant,
Je vis nymphe mignone
Qui s'en alloit chantant:
On rit, on jase, on raisonne;
On n'aime qu'un moment.

Je vis nymphe mignone
Qui s'en alloit chantant;
C'étoit la jeune Œnone

(*) Martin, par sa manière délicieuse de chanter a donné un air de nouveauté à cette vieille chanson; les troupes de province peuvent choisir entre la nymphe mignone et la chanson suivante.

FRONTIN.

En partant pour la frontière,
Un régiment de dragons
Passa près d'un monastère
Rempli de jeunes tendrons.
Un leste et blond militaire,
Lassé des appas mondains,
Fut autour du monastère
Chercher des yeux les nonnains.

L'ABBESSE.

C'étoit une sainte curiosité qui le poussoit.

FRONTIN.

Il apperçoit sœur Odille
Qui seule prioit au chœur,
Voilà mon gars à la grille,
Qui parle de son ardeur.
Il veut séduire la nonne,
Elle veut le convertir;
Soudain la trompette sonne,
Il faut malgré lui partir.

L'ABBESSE.

Cette trompette a sonné bien mal à propos, je suis sûre que la sœur l'auroit converti.

FRONTIN.

C'est aussi ce que dit le dragon.

Pourquoi faut-il qu'on m'arrête,
Hélas! l'enfer ou le ciel
Alloient faire une conquête,
Sans ce contre-temps cruel.
L'affaire étoit terminée,
J'en jure par Belzébuth,
Car la belle étoit damnée,
Ou je faisois mon salut.

Verte comme un primtemps ;
On rit, on jase, etc. etc.

C'étoit la jeune Œnone
Verte comme un printemps,
Fraîche comme une nonne,
Un morceau très-friand ;
On rit, on jase, etc. etc.

Fraîche comme une nonne,
Un morceau très-friand ;
Dans mon humeur gasconne,
Je suis entreprenant.
On rit, on jase, etc. etc.

Dans mon humeur gasconne,
Je suis entreprenant ;
Tiens, le fils de Latone,
Lui dis-je, est moins ardent,
On rit, on jase, etc. etc.

Tiens, le fils de Latone,
Lui dis-je, est moins ardent ;
Ah, reprit la fripone,
J'en doute à votre accent,
On rit, on jase, etc. etc.

S. JOSEPHINE *accourant toute essouflée.*

Ah ! mon doux jésus, quel malheur !

L'ABBESSE.

Qu'est-ce donc, mon enfant.

JOSEPHINE.

Ah ! madame quel accident!

LA TOURIERE.

Le feu auroit-il pris au couvent?

S. JOSEPHINE.

Le perroquet de madame vient de s'envoler, et il s'est réfugié dans le dorioir.

L'ABBESSE.

Mon perroquet envolé! ah, mon sauveur!

QUELQUES RELIGIEUSES.

Ah! sainte Vierge, le perroquet de madame !

D'AUTRES RELIGIEUSES.

Le perroquet de madame! sainte Magdeleine!

Elles se précipitent vers la porte, et laissent Euphémie, Frontin et Belfort seuls.

SCENE IX.

EUPHÉMIE, FRONTIN, BELFORT.

BELFORT.

Nous voilà seuls, profitons du moment, ma chère Euphémie, hâtons-nous de sortir de cette cruelle maison.

FRONTIN.

C'est bien dit, suivons l'exemple du perroquet.

EUPHEMIE.

Sortir? eh! mais par où?

FRONTIN.

Par où! commençons par gagner la maison de Grégoire le jardinier, le maroufle nous a fait entrer, il faudra bien qu'il nous fasse sortir.

EUPHEMIE.

Eh! quoi, mon révérend père!

BELFORT.

Le révérend père est un garçon complaisant qui voudra bien nous servir de postillon jusqu'à la poste prochaine.

FRONTIN.

Comment donc, c'est avec le plus grand plaisir. C'est dommage pourtant de quitter cette maison, je me trouvais fort bien ici.

SCENE X.

Les précédents, GRÉGOIRE.

GREGOIRE *accourant.*

Ecoutez : c'est moi qui viens d'ouvrir la cage du perroquet pour occuper toutes les religieuses, et vous laisser le temps de vous enfuir. Elles sont toutes dans le potager; eh! vite gagnez les charmilles et partez.

EUPHEMIE.

Mais je ne conçois pas......

GREGOIRE.

Partez donc, partez donc.

FRONTIN.

Eh, oui mademoiselle, la présence du père Hilarion doit lever tous les scrupules.

(*Frontin et Belfort entraînent Euphémie presque malgré elle.*)

GREGOIRE *seul.*

C'est bien dit, je vous suis; oh! si nous pouvons gagner pays, ma fortune est faite.

SCENE XI.

GREGOIRE, LA TOURIERE.

LA TOURIERE.

GREGOIRE, auriez-vous vu le perroquet de madame?

GREGOIRE *en se sauvant.*

Oui, ma sœur, il est dans le jardin. Je cours après.

LA TOURIERE *seule.*

Eh, mais écoutez donc; je croyois trouver ici la sœur Séraphine; Eh, mais qu'est donc devenu le père Hilarion. Mes sœurs, mes sœurs.

SCENE XII.

TOUTES LES RELIGIEUSES.

FINALE.

LA TOURIERE.

Avez-vous vu sœur Séraphine?

LE CHŒUR.

Eh, mon dieu non.

LA TOURIERE.

Sœur Euphémie?

LE CHŒUR.

Eh, mon dieu non.

LA TOURIERE.

Avez-vous vu le père Hilarion?

LE CHŒUR

Eh, mon dieu non.

Une RELIGIEUSE.

Sœur Séraphine est donc perdue.

L'ABBESSE.

Ne craignez rien, on la retrouvera.

Une RELIGIEUSE.

Avec sœur Euphémie elle est donc disparue.

L'ABBESSE.

Ensemble on les ramènera.

S. JOSEPHINE.

Ah! madame, quelle infamie!
Je viens de voir passer sur les murs du jardin
Sœur Séraphine avec sœur Euphémie,
Le père Hilarion leur a prêté la main,
Et Grégoire tenoit l'échelle.

L'ABBESSE.

Mon doux jésus, quelle nouvelle!
Ah! Sainte-Vierge, un capucin
Enlever deux religieuses,
Vit-on jamais de trames plus affreuses?
Eh, vite, courons au jardin,
Sonnez la cloche des matines,
C'est l'ante-christ, c'est lucifer,
Pour damner les visitandines;
Ce père Hilarion est sorti de l'enfer.

LE CHŒUR.

Vite, courons à leur poursuite,
Ne perdons pas un seul instant,
Oui, c'est l'enfer qui suscite
Tout ce tracas dans ce couvent.

Fin du second acte.

ACTE III.

Le théâtre est coupé en deux ; il représente d'un côté la salle du chapitre des capucins, de l'autre une salle basse du couvent des Visitandines ; sur le mur qui sépare les deux couvens, on voit du côté des capucins une armoire en forme de bibliothèque, en face est une autre armoire.

Au lever de la toile on entend frapper à la porte des capucins, le père Jérôme range la table; le père Agathange ferme l'armoire; le père Pancrace ouvre la porte.

SCÈNE PREMIÈRE.

FRERES JÉROME, AGATHANGE, PANCRACE, NICOLAS.

AGATHANGE.

Qu'est-ce que c'est?

NICOLAS.

Mon révérend père, je suis Nicolas, un des garçons de Grégoire, le jardinier de la visitation; c'est, sauf votre respect, une lettre que madame l'abbesse m'a chargé de vous remettre, attendu la maladie du père Boniface. C'est une fière histoire, allez mon père, vous avez entendu toutes nos cloches sonner en branle, n'est-ce pas?

PANCRACE.

Sans doute, et dis-moi donc quel est le saint ou la sainte que vous fêtez aujourd'hui.

NICOLAS.

Ah! bien oui, un saint, c'est bien plutôt le diable, mon révérend père. C'est Grégoire notre bourgeois qui est le factotum de cette affaire. Je ne serois pas fâché qu'il lui arriva quelque malencontre, car, c'est un homme qui a toujours quelque taloche de reste pour ses garçons, quand il a un verre de vin dans la tête et ça ne lui arrive qu'une fois par semaine seulement depuis le lundi jusqu'au dimanche.

AGATHANGE.

Oh! oh! mais voici du grave, mes révérends.

NICOLAS.

Pardine, quand je vous l'ai dit; écoutez tant seulement.

AGATHANGE *lisant.*

Mon révérend père, votre père Hilarion que votre respectable gardien nous avoit envoyé (*s'interrompant*) notre père Hilarion : connoissez-vous ça?

PANCRACE.

Non.

JEROME.

Ni moi.

AGATHANGE.

Ni moi, voyons : (*continuant*) ce père Hilarion, dis-je, est un apostat député sans-doute par satan, pour séduire deux de nos sœurs, notre infâme jardinier étoit le complice du pervers; les trois garçons de Grégoire ont arrêté ces loups ravisseurs au moment où ils fuyoient avec nos deux brebis égarées; nous vous envoyons les deux séducteurs, car il nous est impossible de garder à présent dans notre maison Grégoire le reprouvé. Voyez ce que vous devez en faire. *Ave, mon pere.*

JEROME.

Où sont les coupables?

NICOLAS.

Je vais vous les amener, mon révérend père.

SCÈNE II.

Les trois CAPUCINS.

AGATHANGE.

C'EST sans-doute un capucin de ce couvent qui est à trois lieues d'ici.

PANCRACE.

Chut, les voici.

SCENE III.

Les précédents, GRÉGOIRE, FRONTIN, NICOLAS.

FRONTIN *en pleurant.*

OU me conduisez-vous?

GRÉGOIRE, *toujours ivre.*

Mes révérends pères, c'est votre petit serviteur Grégoire, qui vient vous présenter ses devoirs.

JÉROME *le repoussant.*

Fi, le vilain ivrogne, qui vous parle dans le nez.

GRÉGOIRE.

Ivrogne, Ah! ça, écoutez-donc, point d'injure, mon révérend.

NICOLAS.

Les voilà, mes révérends; faites tout pour le mieux. Mais comme le péché est au moins mortel; je crois qu'il faut, par charité pour son ame, que la correction soit bien conditionnée.

SCÈNE IV.

Les mêmes, hors NICOLAS.

JÉROME *à Frontin.*

RÉPONDS, malheureux, de quel couvent es-tu?

GRÉGOIRE.

Tiens, de quel couvent, taisez-vous donc, cher père; le père Hilarion est un Capucin de ma façon.

JÉROME.

Comment?

FRONTIN.

Hélas! oui mes révérends; avez pitié d'un pauvre diable, qui n'est Capucin que par la robe; je ne tiens pas au costume, prenez l'habit, et laissez partir celui qui le porte.

GREGOIRE.

Certainement. Ni lui ni moi ne sommes de la jurisdiction. Ainsi, mes révérends, nous sommes vos très-humbles serviteurs, et nous allons . . . .

Il s'approche de la porte, et veut s'en aller.

JEROME.

Un moment, s'il vous plait; voici qui rend l'affaire beaucoup plus grave.

PANCRACE.

Comment donc, profaner l'habit que Saint-François a porté

AGATHANGE.

Réponds, coquin, comment t'es-tu procuré cette robe que tu déshonores?

FRONTIN.

Hélas! mes révérends, c'est ce maudit ivrogne qui me l'a donné; tout mon crime est de l'avoir endossé.

JEROME.

C'est donc à toi de nous instruire, perfide jardinier.

GREGOIRE.

Aussi vais-je faire, mes révérends; ne nous emportons point. J'ai été trouver Georges, le valet-de-chambre du père Boniface, et votre frère cuisinier; il n'a pas fait difficulté de me prêter la robe du gardien, pendant que la maladie le retient au lit; de façon que le révérend père Boniface croit ses habits au porte-manteau, tandis qu'ils sont sur les épaules de ce coquin-là.

JEROME.

Que faire, mes révérends?

PANCRACE.

Voilà le cas où notre règle nous prescrit de renfermer les coupables dans les souterrains de la communauté, pour le reste de leur vie.

FRONTIN.

Les souterrains! ah! pauvre Frontin, te voilà enterré tout vif.

AGATANGE.

Oui vraiment, et de les réduire au pain et à l'eau, pour toute nourriture.

GREGOIRE.

A l'eau! je suis mort.

JEROME.

Mais, vous n'y pensez-pas, père Pancrace, nous n'avons point de souterrains ici.

PANCRACE.

N'avons-nous pas le petit caveau, dont nous nous sommes réservés la clef?

AGATANGE.

Nous mettrons le vin ailleurs,

GREGOIRE.

Mes révérends pères, puisqu'il vous amuse de nous renfermer dans la cave, au moins ne la démeublez pas avant de nous y mettre.

FRONTIN.

Mes bons pères, cela ne pourroit-il pas s'arranger avec quelques coups de discipline?

JERONE.

J'en suis fâché, mais ça ne se peut pas, en conscience.

PANCRACE.

En attendant que nous ayons préparé le logis de ces messieurs, nous pouvons les laisser ici.

GREGOIRE ET FRONTIN.

Père Agathange? père Pancrace?

AGATHANGE.

Remerciez-nous, mon enfant, de la grâce que nous vous faisons; songez que cette légère pénitence va vous épargner bien des années de purgatoire.

(*Il sort.*)

GREGOIRE.

Père Pancrace.

FRONTIN.

Mon chèr père Pancrace.

(*Pancrace sort.*)

GREGOIRE

Père Jérôme! par pitié.

JÉROME.

Adieu, mon fils, offrez vos souffrances à Dieu.

(*Il sort et ferme la porte sur lui.*)

SCÈNE V.

FRONTIN GRÉGOIRE.

FRONTIN.

NE me voilà pas mal, avec ma direction.

GREGOIRE.

Réduit à boire de l'eau toute pure, moi qui jusqu'à présent n'ai jamais mis d'eau dans mon vin.

FRONTIN.

Est-ce qu'il n'y auroit pas quelques moyens de sortir? Ce sont les habits du Gardien que vous m'avez donnés, ne pourrions-nous pas nous servir des clefs que j'ai trouvées dans ses poches.

(*Il tire un paquet de clefs.*)

GREGOIRE.

Qu'en voulez-vous faire? N'avez-vous pas entendu les verroux se fermer sur nous?

FRONTIN.

Elles doivent ouvrir ces armoires.

GREGOIRE.

Eh-bien, après? c'est ici la bibliothèque des Capucins; ces armoires sont pleines de livres d'église.

FRONTIN.

N'importe; nous pourrions peut-être nous cacher derrière quelque in-folio. Ouvrons.

GREGOIRE.

Oui. Vous allez trouver quelques Méditations, pour vous préparer à la pénitence.

FRONTIN, *ouvre l'armoire du fond, qui est pleine de bouteilles de vin, et autres provisions de bouche.*

Oh! oh! les beaux volumes!

GREGOIRE.

Quelques vieux bouquins? (*Appercevant le vin et le pâté.*) Que vois-je!

GRÉGOIRE.

Vraiment, je lirai fort bien, moi,
Dans ces livres là, sans lunettes;

FRONTIN.

De pareils volumes je croi
L'édition est des plus parfaites.

GREGOIRE.

Et de messieurs les capucins
C'est donc l'ordinaire lecture.

FRONTIN.

Voilà pourquoi les capucins
Ont toujours passé pour très-fins
En littérature.

GRÉGOIRE.

J'ai toujours aimé la lecture.

FRONTIN.

Et moi, je l'aime avec ardeur.

GRÉGOIRE.

Que ce jambon a bonne mine,

FRONTIN.

De ce vin, j'aime la couleur.

Ensemble.

On fait vraiment une chère divine
Chez les ministres du seigneur.

GRÉGOIRE.

Mon révérend, versez-moi donc à boire,

FRONTIN.

Très-volontiers, mon cher Grégoire.

GREGOIRE.

A la santé du père Hilarion.

Ensemble.

Les capucins ont cru nous faire pièce
En nous mettant tous les deux en prison;
Mais ma bouteille a toute ma tendresse,
Voilà l'objet dont mon cœur est charmé;
Or, il est doux d'être enfermé,
Quand on l'est avec sa maîtresse.

GREGOIRE

GREGOIRE *en buvant.*

Certainement, c'est bien doux.

FRONTIN.

Oui, mais cependant il vaudroit autant avoir sa maîtresse et sa liberté. Vuidons un peu les poches du révérend père Boniface, que sait-on, nous y trouverons peut-être quelque moyen de sortir.

GREGOIRE *en buvant.*

C'est bien pensé, procédons à l'inventaire des poches du révérend père.

FRONTIN *tirant un petit livre doré sur tranche.*

Quel est ce petit livre-là ; un petit paroissien sans doute. Comment, *l'art d'aimer,* par le gentil Bernard. Tudieu, père Boniface.

GREGOIRE *buvant.*

Ah ! Ah ! c'est que le père Boniface est un gaillard.

FRONTIN *tirant une lettre pliée en poule.*

Ah ! qu'est-ce que c'est que ça ?

GREGOIRE

Eh ! mais vraiment, c'est un poulet comme ceux dont le père m'a chargé pour la sœur Joséphine.

FRONTIN.

Comment, pour la sœur Joséphine.

GREGOIRE.

Sans-doute, c'est moi qui sers de petite poste au révérend père.

FRONTIN.

Ah ! ah !

GREGOIRE.

Le père Boniface adore la sœur Joséphine.

FRONTIN.

Ah ! mon dieu.

GREGOIRE.

Mais je vous conterai cela, voyons le reste.

FRONTIN *tirant un autre papier et lisant.*

Mémoire présenté au révérend père Boniface, par moi Bernard, compagnon maçon, pour la petite porte secrette qu'il a fait faire dans sa bibliothèque, et qui donne dans le couvent des Visitandines ; pour les frais, journées d'ouvriers et fourniture de plâtre, 351 liv. 10 sous ; pour le secret, 1200 liv.

GREGOIRE.

Eh bien, il fait un joli emploi de la caisse de la communauté, notre père gardien.

FRONTIN,

Eh vite ! Eh vite ! essayons toutes nos clefs, et tâchons de trouver cette bien-heureuse porte.

(Il essaie les clefs à toutes les portes.)

GREGOIRE *buvant.*

Pourquoi donc cela, mais je suis bien ici, moi.

SCÈNE VII.

Les précédens, LA TOURIERE, S. EUPHEMIE, BELFORT, dans la partie du couvent des Visitandines.

(Grégoire boit, et Frontin essaye des clefs à toutes les portes, pendant le dialogue.)

LA TOURIERE.

Oui, mes chères sœurs, c'est ici que madame l'abbesse m'a chargée de vous enfermer.

EUPHEMIE.

Quoi, toutes les deux ensemble.

BELFORT.

Je vous remercie pour ma part, ma sœur.

LA TOURIERE.

Quand elle sera revenue de l'émotion que votre fuite lui a causée, madame viendra elle-même vous interroger; elle veut percer ce mystère d'iniquité. On est allé chercher le cocher de la diligence qui vous a amenée.

BELFORT.

Pourquoi donc cela, madame.

LA TOURIERE.

Pour vous reconduire chez nos sœurs de Nevers. C'est bien assez pour nous d'avoir à punir la sœur Euphémie.

EUPHEMIE.

Mais ma sœur, permettez-moi de vous dire....

LA TOURIERE.

Rien, ma sœur, il m'est défendu de vous répondre. Adieu, mes sœurs, prenez courage, repentez-vous, et espérez tout de la miséricorde du Seigneur.

Elle ferme les portes.

SCÈNE VIII.

Les précédens, hors la Tourière.

BELFORT.

Oh! sœur trop complaisante, vous ne savez pas combien vous m'enchantez en me renfermant avec ma chère Euphémie.

EUPHEMIE.

Grand dieu! seule ici enfermée avec vous, Belfort, respect à votre amante.

BELFORT.

Rassurez-vous, ô ma chère Euphémie, vous m'outragez par votre crainte; je vous aime, et le véritable amour est aussi respectueux que tendre.

EUPHEMIE.

Eh bien, c'est à cet amour que je me confie.

BELFORT.

Je mériterai cette confiance ; mais si vous m'aimez, applaudissez-vous comme moi de l'heureuse méprise qui nous réunit.

FRONTIN *ouvrant la porte pratiquée dans le mur.*

Victoire à la fin, m'y voilà.

Il dérange un tableau qui cachoit la porte du côté des Visitandines, et se trouve dans la salle où sont Belfort et Euphémie.

GREGOIRE.

Vous y voilà, je vous suis.

EUPHEMIE *voyant la porte s'ouvrir, jette un cri.*

Ah! grand dieu, quest-ce que c'est que ça.

BELFORT.

Ciel, une porte pratiquée dans l'épaisseur du mur, et c'est le révérend père Hilarion et le cher Grégoire avec lui.

FRONTIN.

C'est vous, monsieur ; c'est vous, mademoiselle.

EUPHEMIE *se sauvant par la porte du mur chez les capucins.*

J'entends du bruit, ce sont les religieuses : je suis perdue.

BELFORT *la suivant.*

Où courez-vous, Euphémie, vous n'êtes pas coupable.

SCENE IX.

Les précédens, L'ABBESSE, LA TOURIERE, deux RELIGIEUSES, le COCHER de la diligence.

L'ABBESSE au cocher.

VENEZ, venez, mon ami, n'est-ce pas là la religieuse... (*appercevant Frontin.*) Ah! Sainte-Vierge! encore ce père Hilarion.

LA TOURIERE.

Et ce scélérat de Grégoire.

L'ABBESSE.

Eh quoi, nous enfermons deux femmes ici, et nous trouvons deux hommes à leur place.

LE COCHER.

Et c'est vous, mes chers camarades.

L'ABBESSE.

Et pour comble d'horreurs, vous vous connoissez.

LE COCHER

Eh mais vraiment, c'est le valet-de-chambre de la sœur Séraphine.

LES RELIGIEUSES.

Ah mon dieu!

SCENE X ET DERNIERE.

Les précédents, les trois CAPUCINS.

JÉROME.

Restez, restez, mes révérends... Que vois-je? deux religieuses.

PANCRACE ET AGATHANGE *avançant.*

Deux religieuses, est-il possible?

(*Belfort se place entre Euphémie et les capucins.*)

L'ABBESSE.

Le valet-de-chambre de la sœur Séraphine!

LE COCHER.

Hélas! madame, je vois que vous savez tout. Ne me perdez pas. C'est presque malgré moi que j'ai introduit dans votre maison un jeune homme au lieu d'une religieuse.

L'ABBESSE.

Comment, c'est un jeune homme!

JÉROME *s'approchant d'Euphémie.*

Elle est fort bien, vraiment.

BELFORT *l'arrêtant.*

Un moment, s'il vous plait.

JEROME.

Diable, voilà une religieuse bien forte.

L'ABBESSE.

Vous serez tous punis.

FRONTIN.

Doucement. Nous sommes en fond pour prendre notre revanche; et la petite porte secrette....

L'ABBESSE.

Quelle petite porte!

FRONTIN *frappant.*

Vous feignez de l'ignorer. Monsieur, monsieur Belfort.

L'ABBESSE.

Monsieur Belfort, le fils du médecin de Nevers!

BELFORT *reconduisant Euphémie chez les Visitandines.*

Rentrez, rentrez mon Euphémie.

les CAPUCINS et les RELIGIEUSES.

Ciel! une porte de communication.

JÉROME.

Mais d'où diable vient donc cette porte.

FRONTIIN *lui remettant le mémoire.*

Demandez-le à votre père gardien, et priez-le d'acquitter le mémoire du maçon.

JÉROME *prenant le mémoire.*

Allons en prévenir toute la communauté.

(*les capucins sortent.*)

L'ABBESSE.

Croyez que j'ignorais....

BELFORT.

C'est votre fripon de directeur qui est le seul coupable. Mais, croyez-moi, vous avez plus d'intérêt que nous à ne pas divulguer cette aventure. Faites murer cette porte ; laissez-moi partir sans scandale et sans bruit. Mon Euphémie n'est encore que novice ; mon père son tuteur, viendra la chercher pour la rendre à sa famille, à la mienne. Vous pouvez compter sur notre discrétion, mais aussi de votre côté,

VAUDEVILLE.

Gardez le plus profond silence
Sur cet étrange événement,
Ou craignez que la médisance
Ne s'exerce sur ce couvent.
Contre un innocent artifice
Le courroux n'est point de saison,
Puisqu'enfin de votre maison,
Nous n'enlevons qu'une novice.

GRÉGOIRE.

Certainement, mais madame,

Puisque tout s'arrange, de grâce
Ecoutez un vieux serviteur ;
Faudra-t-il qu'il perde sa place ;
Il en appelle à votre cœur.
J'ai vieilli dans votre service,
Aussi, je connois le terrein ;
Croyez-vous que votre jardin
Soit mieux soigné par un novice.

LA TOURIÈRE.

Puisqu'il le faut, allez ma fille ;
Mais soyez innocente encor
Dans le monde comme à la grille :
Et surtout n'aimez que Belfort.
Pour vous sauver du précipice,
De bien bon cœur je vous suivrois ;
Mais hélas ! impuissans regrets,
Que ne suis-je encore novice ?

FRONTIN.

Adieu mes chères pénitentes,
Puisqu'il faut enfin vous quitter ;

Cependant, jeunes innocentes,
Je suis fort bon à consulter.
De grand cœur j'offrois mes services,
Mes sœurs, pourquoi les refuser ?
Où puis-je à présent les placer ?
Où trouver ailleurs des novices ?

S. JOSÉPHINE *au public.*

De maintes mistiques vétilles,
Du grand art de dire un secret,
Et de la science des grilles,
Nous offrons un faible portrait.
Aux deux auteurs de ces esquisses,
Passez quelques traits ennuyeux,
Peut-être un jour ils feront mieux,
Ils ne sont encore que novices.

FIN.

COMÉDIES NOUVELLES,

Qui se trouvent chez le même Libraire.

ABDELAZIS et Zuleima, tragédie en cinq actes, par le citoyen de Murville . . . . 1 liv. 10 s.

L'Ami des lois, comédie en cinq actes, en vers par Laya . . . . 1 liv. 10 s.

Le même, papier commun. . . . . 15 s.

Catherine, ou la Belle Fermière, comédie en trois actes, par Mlle. Candeille . . . . 1 liv. 10 s.

Le Conteur, comédie en cinq actes, en prose, par l'auteur des Visitandines . . . . 1 liv. 4 s.

Les dangers de l'opinion, comédie en cinq actes, en vers par M. Laya . . . . 1 liv. 10 s.

Jean Calas, drame en cinq acte, en vers, par le même . . . . 1 liv. 10 s.

Robert chef de brigands, comédie en cinq actes, en prose, par M. Lamartelière . . . . 1 liv. 10 s.

Le Tribunal redoutable, ou la suite de Robert, comédie en cinq actes, du même auteur . . . . . . 1 liv. 10 s.

Le Siége de Thionville, drame lyrique, en deux actes, représenté à l'Opéra . . . . 15 s.

LIVRES NOUVEAUX.

De la naissance et de la chûte des anciennes Républiques, par Edouard Wortley Montagu, traduit de l'anglais. Volume in-8° . . . . 3 liv. 12 s.

Des devoirs de l'homme, ouvrage traduit du latin de M. T. Ciceron, avec des notes et la vie de l'auteur; par Emmanuel Brosselard. Volume in-8°. br. . . . 4 liv.

De l'éducation littéraire, ou Essai sur l'organisation d'un établissement pour les hautes sciences, par Hafner, professeur à Strasbourg. Volume in-8°. . 5 liv.

Précis historique et chronologique sur le droit romain, traduit de l'anglais de Schomberg. Volume in-8°. broché . . . . 3 liv.

L'Ecole du militaire, depuis le général jusqu'au soldat, suivie d'un dictionnaire raisonné de tous les termes de cet art, par un vieux soldat. Volume in-8°. . . . . 2 liv. 10 s.

Géographie de la France, d'après la nouvelle division, avec la carte. Deux volumes in-8°. . . . . 8 liv.

Principaux évènemens de la révolution de 1789, représentés par 12 figures en taille-douce, avec un précis historique. Volume in-8°. . . . . 4 liv.

La Pariséide, ou les amours d'un jeune patriote et d'une belle Aristocrate, poëme héroï-comi-politique, en prose nationale. Volume in-8°. . . . . 1 liv. 10 s.

Ma République, par l'auteur de la Philosophie de la nature, in-18. 12 volumes . . . . 18 liv.

www.ingramcontent.com/pod-product-compliance
Lightning Source LLC
LaVergne TN
LVHW020628110826
845149LV00004B/1092

* 9 7 8 2 0 1 9 2 1 1 1 2 7 *